ORAISON FVNEBRE D'ANNE INFANTE D'ESPAGNE, REINE DE FRANCE, ET MERE DV ROY.

Prononcée en la presence de ses Domestiques dans l'Eglise de S. Eustache, par le R.P. IEAN FRANÇOIS SENAVLT, Superieur General de la Congregation de l'Oratoire de IESVS.

A PARIS,

Chez PIERRE LE PETIT, Imprimeur & Libr. ordinaire du Roy, ruë S. Iacques, à la Croix d'Or.

M. DC. LXVI.

Avec Privilege de sa Majesté.

(6.)

AV ROY

IRE,

Le preſent que je fais icy à voſtre
Majeſtè, eſt bien different du dernier

ā ij

EPISTRE.

que j'eus l'honneur de luy faire. Car je luy offris vn Fils naiſſant dont je faiſois l'horoſcope ; & je luy offre vne Mere morte dont j'ay fait l'Oraiſon Funebre. Ie joignois alors mes actions de graces à celles de tout le Royaume, pour la naiſſance d'vn Prince qui en eſt la ſeconde eſperance ; Et je meſle maintenant mes larmes avec celles de toute l'Europe, qui pleure la mort de la plus grande & de la meilleure Princeſſe du monde.

Quelque difference qu'il y ait entre ces deux preſens, il ne laiſſe pas d'y avoir beaucoup de rapport. Car nous ne mourons que parce que nous ſommes nez, & le premier pas que nous faiſons dans la vie, nous en-

EPISTRE.

gage necessairement à la mort. Mais
ce qui est de plus fascheux dans vne
loy si rigoureuse & si generale, est
qu'il n'y a point d'exception ny de
dispense pour les Rois ; & qu'au con-
traire, comme les hautes montagnes
sont les plus exposées à la foudre,
il semble que les testes couronnées soient
aussi les plus sujettes à la mort.

L'Ecriture sainte qui est l'oracle de la
verité, nous apprend que la vie des Souverains est courte, & que le Ciel qui
leur est si prodigue de toutes choses,
leur est avare du temps, & ne leur
donne que peu d'années pour regner
sur leurs sujets. Les Heros & les
Conquerans sont ceux qui ont le moins
vescu ; Les Cirus & les Alexandres

á iij

EPISTRE.

ont fini leur vie en la fleur de leur âge,
& la mort qui est la plus fidelle ministre de la justice divine, a interrom-
pu le cours de leurs conquestes & de
leurs victoires.

Nous esperons neanmoins, SIRE,
que le Ciel qui a fait tant de miracles en faveur de vostre Majesté, la
fera vivre un siecle tout entier, pour
luy donner le loisir d'achever tant de
genereux desseins qu'elle a entrepris
pour la gloire & pour le bonheur de
la France. Nous esperons aussi que la
Pieté filiale dont la longue vie est la
juste recompense, comblera d'années
vostre Majesté, puis que toute la terre sçait avec quel respect elle a traité la Reine sa Mere. Nous n'oublie-

EPISTRE.

rons jamais ces admirables paroles que
la tendreſſe tira de voſtre bouche,
quand pour conſoler cette Princeſſe
mourante vous luy dites, que ſi vô-
tre puiſſance égaloit voſtre volonté,
vous la racheteriez de tout le ſang de
vos veines.

Le Ciel qui ne manque point à
ſes promeſſes, recompenſera cette in-
ſigne pieté d'vne longue & heureu-
ſe vie; Et voſtre Majeſté fera tant
de prodiges les vns ſur les autres,
que la Poſterité les liſant dans nos
Annales, doutera ſi voſtre hiſtoire
particuliere ne ſera point l'hiſtoire de
tous nos Rois. Ce ſont les penſées &
les eſperances dont s'entretient tous
les jours aux pieds des autels, celuy

EPISTRE.

qui est avec autant de respect que d'obligation,

SIRE,

DE VOSTRE MAIESTE'

Le tres-humble, tres-obeïssant, & tres-
fidelle serviteur & sujet, SENAVLT,
Prestre de l'Oratoire de IESVS.

ORAISON FVNEBRE
D'ANNE

INFANTE D'ESPAGNE,
REINE DE FRANCE
ET MERE DV ROY.

Revela Domino viam tuam, & spera in eo,
& ipse faciet. *Psalm. 36.*

*Découvrez à Dieu vostre conduite, esperez
en luy, & il fera tout ce que vous desirez.*

IE n'ignore pas, MES-
SIEVRS, combien il est
difficile de contenter des
affligez qui regrettent vn mort
illustre qu'ils ont parfaitement

connu & parfaitement aimé. Comme ils ont connu ſon merite, ils ſe perſuadent que tout ce qu'on en ſçauroit dire n'approche point de leur connoiſſance ny de leur lumiere : Et comme ils ont aimé ſa vertu, ils croyent que tout ce qu'on en peut meſme penſer, n'égale point leur amour ny leur douleur. C'eſt ce qui me fait apprehender que je ne puiſſe pas reüſſir dans le deſſein que j'entreprens aujourd'huy, & que tout ce que je vous diray de noſtre auguſte Reine & de voſtre chere Maiſtreſſe, ne contente ny voſtre connoiſſance ny voſtre amour.

Car comme vous eſtiez ſes fidelles domeſtiques, les témoins de ſes actions, les confidens de ſes penſées, & les depoſitaires de

ſes ſecrets, vous connoiſſiez tous
les mouvemens de ſon cœur ; &
ſa modeſtie n'a pû rien cacher de
ſes vertus à voſtre loüable curio-
ſité. Comme vous l'aimiez,& que
le reſpect que vous aviez pour ſa
naiſſance & pour ſa condition,
n'empeſchoit pas que vous n'euſſiez de l'amour pour ſa bonté,
vous la regrettez autant que vous
l'avez aimée; Et j'ay juſte ſujet de
craindre que tout ce que j'en diray, ne ſoit infiniment au deſſous
de ce que vous en reſſentez. Ainſi,
MESSIEVRS, je ne pourrois jamais ſatisfaire ny voſtre connoiſſance ny voſtre douleur , ſi par
vn innocent artifice je ne me ſer-
vois de l'vne & de l'autre pour vous
contenter, & pour rendre ce que
je dois à la memoire de l'auguſte

Reine que vous regrettez. Car je veux employer vos lumieres pour faire son oraison funebre, & vous dire icy non seulement ce que j'en ay sceu de la bouche de la renom-mée, mais encore ce que j'en ay appris de la vostre. Ie veux me servir de vostre douleur pour com-poser son panegyrique , & em-ployer vos larmes & vos soûpirs, pour faire comprendre à tout l'v-nivers combien rare estoit le me-rite de cette grande Princesse , puis que vous la pleurez si ame-rement, & que le temps qui adou-cit les autres afflictions, n'a fait jusques icy qu'accroistre & irriter la vostre.

Le Pere eternel en vsa ainsi en-vers IESVS-CHRIST son fils vni-que, quand il mourut sur la croix.

Car il voulut que toutes les creatures publiaſſent ſa grandeur &
ſon innocence par leur deſordre
& par leur eſtonnement, & qu'elles fiſſent ſa pompe funebre, en
témoignant le juſte reſſentiment
qu'elles avoient de ſa mort: *Omnia*
elementa, dit ſaint Leon, *ſenſerunt*
clavos Crucifixi. Faiſons voir aujour-
d'huy quelque image de ce grand
prodige dans la France, traitons
la ſervante comme fut traité le
Maiſtre, & employons la triſteſ-
ſe & la conſternation de ſes domeſtiques & de ſes ſujets, pour
faire l'oraiſon funebre de ſa vie &
de ſa mort. Perſuadez-vous donc
que vos larmes ſont ſes loüanges,
que vos ſoûpirs ſont ſes éloges, &
que c'eſt aſſez pour moy ſi comme vn fidelle Echo je repete vos

paroles, je réponds à vostre douleur, & je redis aprés vous toutes les actions heroïques de celle
dont vous admirez la vie, & dont
vous pleurez la mort.

Mais parce que la confiance qu'-
elle a euë en Dieu a esté son caractere particulier, & la vertu qui
semble avoir animé toutes les autres en sa personne ; Permettez-
moy de vous representer icy vne
auguste Reine, qui par sa perse-
verance a obtenu des enfans du
ciel, aprés les luy avoir demandez
vingt-deux ans ; qui par sa sagesse
a gouverné le Royaume dans vne
longue minorité, & par son adresse
calmé toutes les tempestes qui le
menaçoient de naufrage ; qui dans
la majorité du Roy a surmonté
par sa constance tous les obsta-

cles qui s'oppofoient à la paix; &
qui enfin dans fa maladie a triomphé par fa patience, de la douleur
& de la mort. Et pour reduire
tout ce difcours à l'vnité de mon
texte, fouffrez que je vous dife,
que fi elle a vaincu la douleur &
la mort, fi elle a procuré la paix à
l'Europe, fi elle a heureufement
gouverné l'Eftat pendant fa regence, & fi elle a obtenu des enfans du ciel, ce n'a efté que parce
qu'elle fe confioit en Dieu, & qu'-
elle l'a obligé de faire cent miracles en fa faveur, parce qu'elle e-
fperoit en fa bonté : *Spera in eo, &*
ipfe faciet.

LE mariage quand il eft fecond
peut eftre appellé avec raifon, la
pepiniere du monde; il repare les

ravages que la mort fait dans les familles ; il donne des enfans aux peres, des sujets aux estats, des soldats aux armées & des heritiers aux Monarques : Mais ce qui me surprend est que les enfans sont la force des Souverains, qu'ils affermissent leurs trônes, qu'ils étouffent les seditions dans leur naissance, & rendent vn Roy considerable à ses sujets & redoutable à ses ennemis. C'est vne espece de paradoxe, mais veritable pourtant, qu'vn enfant qui est envelopé de langes, qui suce le lait d'vne femme, & qui n'a pas encore l'vsage de ses mains ny de sa langue, releve l'esperance d'vn Monarque, dissipe les factions de son Estat, & retient ses sujets dans leur devoir. Cela est si vray, Messievrs, que

le grand Alexandre aprés avoir
gagné tant de batailles, défait tant
de Rois, & conquis tant de Provinces, se plaignoit à ses domestiques que les Macedoniens le mé-
prisoient parce qu'il n'avoit point
de fils : *Orbitas mea contemnitur.* De
là vient que les Princes souhaitent
avec tant de passion d'avoir des
enfans, sçachant bien que leur
nombre les rend formidables à
tout le monde ; & que ce petit
peuple qui se jouë dans leurs palais les conserve mieux que les
soldats qui les environnent. Taci-
te remarque dans ses Annales, que
Germanicus donnoit de la jalou-
sie à Tibere, parce qu'il avoit plu-
sieurs enfans, & que sa femme A-
gripine ne tiroit pas moins de gloire de sa fecondité, que de sa vertu.

Aprés toutes ces raiſons, M es-
sievrs, il ne faut pas s'eſtonner
ſi Louïs le Iuſte & Anne ſa chere
épouſe, ſouhaitoient avec tant
d'ardeur d'avoir vn fils ; Mais le
temps qui redoubloit leur deſir
diminuoit leur eſperance. Car il
y avoit prés de vingt-deux ans
qu'ils eſtoient mariez, & qu'ils ſe
voyoient privez de la benediction
du mariage. Ie ne ſçay pas ſi le
Roy de ſon coſté imploroit le ſe-
cours du ciel, & s'il faiſoit des prieres pour obtenir vn heritier. Mais
toute la France ſçait bien que nôtre pieuſe Reine faiſoit inceſſamment des vœux à Dieu, répandoit ſon cœur, pour me ſervir du
langage de l'Ecriture, devant les
autels; & intereſſoit tous les Saints
à luy procurer l'avantage d'eſtre

mere. Elle visitoit tous les Samedis cette magnifique Eglise qui porte le nom de la Vierge, & elle conjuroit la Mere de Dieu de luy servir d'avocate envers son Fils. Elle joignoit les aumônes aux prieres, sçachant le pouvoir qu'elles ont auprés de Dieu; & faisant agir les Religieux & les pauvres, elle se promettoit qu'il se laisseroit vaincre au nombre & au merite de tant d'intercesseurs. Elle ne fut pas trompée dans son attente, & le ciel ne pouvant plus resister à tant de vœux & de prieres, luy donna vn fils, lors que la France ne l'attendoit plus, & que tout le monde plaignoit vne mere ou sterile ou malheureuse.

Vous pouvez vous ressouvenir, MESSIEVRS, avec quelle joye

fut receu ce Prince qui avoit esté
si long-temps desiré. Car c'est vne
maxime indubitable que rien ne
nous fait tant estimer les choses
que la difficulté que nous avons
euë à les obtenir. La santé n'est
jamais plus agreable que quand
elle succede à vne grande & en-
nuyeuse maladie; Le calme n'est
jamais plus doux que quand il a
esté precedé d'vne rude & longue
tempeste, & qu'il a cousté beaucoup de prieres aux matelots; La
paix n'est jamais si bien receuë que
quand elle arrive aprés vne guerre
qui a duré beaucoup d'années.
Ainsi nôtre jeune Prince fut receu
de sa mere avec vne joye qui ne se
peut exprimer que par la mere
mesme qui la ressentit, & qui ne
peut estre comparée qu'à ce vio-

lent defir qu'elle avoit eu de fa naiſſance. Tout le Royaume y prit la part qu'il devoit ; nos cloches ſonnerent le jour & la nuit ; nos Egliſes retentirent au bruit de nos cantiques d'allegreſſe ; & les canons qui ſont la voix des Souverains , & qui expliquent auſſi-bien leur joye que leur colere, apprirent à toute la France qu'il luy eſtoit né vn Dauphin.

Et certes je ne m'eſtonne pas, MESSIEVRS, que l'on témoignaſt tant de réjouiſſance pour ce jeune Prince, puis qu'il avoit eſté ſi long-temps deſiré par la Reine ſa mere, & que les enfans de deſirs & de larmes ont toûjours eſté d'illuſtres Heros. Car je vous prie de remarquer deux veritez que je tire de l'Ecriture ; la premiere eſt, que

tous les enfans qui sont nez aprés
vne longue suite de prieres & de
vœux, ont toûjours esté des mâles;
parce qu'estant les ouvrages de
Dieu, ils devoient estre parfaits ;
& que, selon le sentiment du plus
grand Philosophe du monde, la
Nature mesme qui travaille toûjours à la perfection, ne pretend
jamais produire qu'vn masle : **De**
sorte qu'il appelle les filles d'vn
nom qui leur est honteux & ho-
norable tout ensemble, *mares oc-*
casionatos. La seconde verité que
je vous prie de remarquer, est,
que les enfans qui ont esté accor-
dez du ciel aux prieres & aux larmes de leurs meres, ont toûjours
surpassé leurs esperances, & ont
esté des prodiges & des miracles
en vertu.

Sara eſt la premiere mere qui a obtenu vn fils du ciel aprés l'avoir long-temps demandé. Auſſi fut-il la figure de IESVS-CHRIST immolé par ſon Pere ſur la croix pour le ſalut des pecheurs. Manüé & ſa femme obtinrent Samſon aprés des jeûnes & des ſoûpirs. Auſſi fut-il l'Hercule des Iuifs, il étouffa des lions, il prit luy ſeul des villes, il gagna des batailles avec de foibles armes, & s'il fut pendant ſa vie la terreur des Philiſtins, il en fut la perte & la défaite à ſa mort. Elizabeth importuna ſouvent le ciel avant que d'eſtre la mere de Iean-Baptiſte. Auſſi fut-il le ſilence des Prophetes, le Precurſeur de IESVS-CHRIST, & le plus grand de tous ceux qui ſont nez d'vne femme : *Inter natos mulierum*

non surrexit major Ioanne Baptiftâ.
Mais le Fils de Dieu mefme ne fut-
il pas fouhaité pendant quatre mille ans ? Ne coufta-t-il pas des foûpirs & des vœux aux Patriarches
& aux Prophetes? Ne fut-il pas le
defiré de toutes les Nations, *Defi-*
deratus cunctis gentibus? Et fa mere
ne mefla-t-elle pas fes larmes & fes
prieres avec celles de toute la Nature , pour obtenir du Pere eternel le Sauveur de l'vnivers?

Ne vous eftonnez donc pas fi
Louïs X I V. a efté le plus augufte
de nos Monarques, s'il a commen-
cé à vaincre auffi-toft qu'il a com-
mencé à regner, s'il a joint tant de
provinces à l'ancien heritage de
fes Ayeux, s'il a donné la loy à tous
fes voifins , s'il a fait la paix comme il a voulu, s'il a reformé les abus

de

de ſon Royaume, s'il a puny les ſangſuës de ſon peuple, & s'il a rétably la Iuſtice dans ſon trône: Car il eſt le fils des vœux de ſa mere, l'enfant de ſes larmes & de ſes ſoûpirs. Elle l'a demandé vingt-deux ans, & elle ne l'a obtenu que lors que la France deſeſperée ne l'attendoit plus. Mais permettez-moy d'interrompre la ſuite des temps, de joindre des choſes qui ſont arrivées en differentes an-nées, parce qu'elles ont vne liaiſon tres-étroite dans le cœur de la Reine Mere, & de vous dire que nous ne luy ſommes pas moins o-bligez de nous avoir rendu le Roy, que de nous d'avoir obtenu par ſes prieres.

Il eſt auſſi vray dans la Nature que dans la Politique, qu'il n'y a

pas moins d'adreſſe ny d'honneur
à conſerver les choſes qu'à les acquerir : Vn Prince ſe procure autant de gloire à défendre vn grand
Eſtat, qu'à le fonder. Et celuy qui
le conſerve, en eſt auſſi-bien le Pere, que celuy qui l'à étably.

Non minor eſt virtus, quàm quærere,
parta tueri.

Dieu meſme aprés avoir eſté le
Createur des hommes en a voulu
eſtre le Reparateur, & pour ne
pas partager leurs affections &
leurs cœurs il a voulu les tirer des
abyſmes du peché aprés les avoir
tirez des abyſmes du neant. Sur ce
principe je dis que nous n'avons
pas moins d'obligation à la Reine
pour nous avoir conſervé le Roy,
que pour nous l'avoir obtenu. Et
nous ne devons pas moins aux

larmes qui l'ont arraché du fein de
la mort, quà celles qui l'avoient
tiré du fein de fa mere.

Vous n'avez pas oublié, Messievrs, que la petite verolle qui
n'épargne hon plus les Souverains
que leurs fujets, attaqua noftre
jeune Prince à l'âge de neuf ou dix
ans ; le mal fut fi violent & fi malin, que les Medecins en defefpe-
rerent d'abord. Il n'eft point befoin
de vous reprefenter icy combien
noftre grande Reine en fut tou-
chée. Il fuffit de vous dire qu'é-
ftant la meilleure mere du monde, elle en eut toute la douleur
dont vne mere eft capable en pa-
reille rencontre. Elle fut faifie
d'horreur à la feule penfée qu'elle
pouvoit perdre le Roy fon fils.
Mais la Foy venant au fecours de

la Nature, elle se persuada qu'il fa-
loit le demander à celuy qui le luy
avoit donné. Elle s'en alla pleine de
douleur & de confiance au Val de
grace, & se prosternant aux pieds
des autels, elle dit à Dieu : Seigneur, vous me l'avez donné,
vous me le pouvez oster. Et faisant vn effort sur l'amour mater-
nel, elle adjoûta ces paroles entre-
coupées de sanglots & de soûpirs :
Ie vous l'abandonne, Seigneur.
Mais si vostre justice veut vne vi-
ctime, prenez la mere, laissez le
fils, & sauvez la France. A peine
eut-elle prononcé ces tristes paroles, qu'on luy vint dire que le Roy
estoit hors de danger, & que les
Medecins luy répondoient de sa
vie. Hé bien, MESSIEVRS,
n'ay-je pas raison de m'écrier que

ſa confiance nous a ſauvez, & que le ciel a fait cent miracles pour re-compenſer ſon eſperance & ſa foy : *Spera in eo , & ipſe faciet.*

Mais voicy vne nouvelle allar-me qu'eut la Reine, & vne nou-velle obligation que nous luy a-vons. Noſtre jeune Monarque avoit fatigué durant toute vne campagne, il avoit reſpiré cet air contagieux qu'on reſpire preſque toûjours dans les armées, & il fut attaqué d'vne fievre continuë qui avoit les plus fâcheux ſymptomes du monde ; le malade fut déploré, & les Medecins furent contraints de recourir au vin hemetique , & d'employer ce dernier remede ſur la perſonne du Roy. Que fiſtes-vous en cette triſte conjonéture, Mere affligée. Vous recouruſtes

à vos artifices ordinaires, vous
vous serviftes de ces charmes in-
nocens dont vous aviez fi fouvent
appaifé la colere divine, vous ré-
pádiftes des torrens de larmes aux
pieds des autels, vous pouffaftes
des foûpirs ardens qui monterent
jufques devant le trône de Dieu,
vous fiftes cent vœux à fa divine
Majefté, & il ne pût vous refufer
la fanté d'vn fils & d'vn Roy que
vous luy demandiez avec tant de
larmes. Retournons, MESSIEVRS,
d'où nous fommes partis, repre-
nons la fuite de l'hiftoire, & pour
ne pas mefler tant de triftes fujets
enfemble, paffons fous filence la
mort de Louïs XIII. de triom-
phante memoire, & parlons de la
Minorité de fon fils, & de la Regence de fon Epoufe.

LA Minorité des Rois a presque toûjours esté funeste aux Royaumes. Car comme les Rois sont jeunes, leur autorité est foible, & leur sceptre estant porté par d'autres mains que les leurs, il est batu des vents comme vn roseau, & ne peut resister à l'effort des moindres tempestes. Le Prince en cet estat n'est pas beaucoup different de ses sujets, & si nous en croyons le grand Apostre, sa condition a bien du rapport avec celle des esclaves : *Hæres quamdiu parvulus est, nihil differt à servo.* Sa personne est entre les mains de ses Gouverneurs & de ses Precepteurs qui le forment à la vertu, qui luy enseignent la Morale & la Politique, & qui essayent d'en faire vn homme

de bien avant que d'en faire vn
grand Roy. Son Eſtat eſt entre les
mains d'vn Regent ou d'vne Regente, qui conſultant les plus ſages teſtes du Royaume font ce
qu'ils peuvent pour y entretenir la
juſtice & la paix. Mais comme ſi
les ſujets eſtoient de l'humeur des
chevaux du ſoleil, ils ne ſçauroient
obeïr qu'à leur maiſtre, & quelque prudence qu'ait vn Regent
ou vne Regente, c'eſt vne eſpece
de miracle quand ils peuvent évi-
ter les ſeditions & les revoltes.

Il faut neanmoins avoüer que
la Regence de noſtre Reine fût les
cinq premieres années vne des
plus tranquilles & des plus heureu-
ſes dont ait joüy cette Monarchie.
Car la conſtance & la pieté de la
Regente, la bonne intelligence de

nos

nos Princes, la prudence du Mi-
niftre que le feu Roy luy avoit
donné, le courage de nos foldats,
& la fidelité des peuples ne la ren-
dirent pas feulement agreable aux
François, mais redoutable à leurs
ennemis. Nos troupes prirent toutes les places qu'elles attaquerent,
l'on compta nos victoires par nos
batailles, & toute l'Europe s'éton-
na qu'vne femme & vn enfant
confervaffent la paix au dedans,
portaffent la guerre au dehors, &
joigniffent la palme à l'olive dans
leurs couronnes. Monfieur le Duc
d'Orleans Oncle vnique du Roy
prit Gravelines & Courtray qu'on
n'avoit encore ofé affieger, Monfieur le Prince prit Dumquerque,
Mardic & Thionville, & apprit aux
Eftrangers qu'ils n'avoient plus de

D

places imprenables, & que rien ne
pouvoit refifter aux armes de la
France. Nous gagnâmes quatre
fameufes batailles fous la conduite de cet illuftre Heros. Celle de
Rocroy qui fignala les premiers
jours de la Regence, fut comme
vn prefage affuré du bonheur de
noftre jeune Monarque. Celles de
Fribourg & de Norlinghen jette-
rent la terreur dans l'Allemagne,
& firent fentir à cette nation guer-
riere qu'il luy eftoit plus aifé de fe
défendre des Romains que des
François. Celle de Lents qui fut
fi long-temps difputée, & qui au
jugement des plus fages Capitaines fut auffi bien l'ouvrage de la
tefte que de la main du Prince qui
la gagna, nous fit efperer la redu-
ction de toute la Flandre.

Mais ne vous perſuadez pas, ſages & vaillans Generaux d'armées, que noſtre Regente n'ait point eu de part à voſtre gloire. Elle accompagnoit vos combats de ſes prieres, elle répandoit des larmes pendant que vous répandiez du ſang, elle vous rédoit le ciel favorable par ſes bonnes œuvres, & ſçachant bien que noſtre Dieu eſt le diſpenſateur des victoires, elle alloit le ſolliciter dans les temples & dans les cloiſtres pendant que vous combatiez dans la campagne. Noſtre bonheur eſtoit trop grand pour eſtre durable, tant d'heureux ſuccés nous firent apprehender quelque deſaſtre, & comme les grands calmes ſont des preſages infaillibles de la tempeſte, toutes nos victoires furent de triſtes augures

du cruel orage qui pensa submer-
ger la France.

De toutes les guerres du monde
la Civile est constamment la plus
injuste, & la plus cruelle. Elle se
forme dans les entrailles de l'Estat,
elle arme les sujets contre leur Prince naturel, elle soûleve les enfans
contre leurs peres, & elle anime
les freres contre leurs freres; si bien
qu'elle viole tous les droits de la
nature, elle renverse toutes les
loix de la religion, & elle détruit
toutes les maximes de l'Estat. Mais
quoy que tout soit si triste dans
ces guerres malheureuses, on peut
dire que rien n'en est plus funeste
que la victoire, parce que le sang
qui s'y répand, est toûjours le sang
de la patrie, le sang des sujets, &
le sang du Prince mesme, puis

qu'il vit dans ſes ſujets, que ſes ſujets vivent en luy, & que tout le
ſang répandu coule de ſes veines :
Omnia ſunt in bellis civilibus miſera ;
ſed nihil miſerius quàm ipſa victoria ,
dit le plus eloquent des Romains.

Noſtre grande Reine n'omit
rien de tout ce qui pouvoit étouffer cette guerre civile dans ſa naiſſance , elle employa toutes les
voyes de la douceur avant que
de tenter celles de la force, elle
oublia qu'elle eſtoit Reine pour ſe
ſouvenir qu'elle eſtoit Mere de ſes
ſujets, & ſans neanmoins faire tort
à ſa grandeur ny a ſa bonté , elle
joignit les prieres aux menaces, &
eſſaya de reduire tous les rebelles
à leur devoir. Nè recherchons
point curieuſement les ſources im-
pures de cette revolte malheureu-

ſe, & puis qu'elle a eſté effacée par vne amniſtie generale, enſeve-liſſons-la dans vn oubly eternel; & diſons ſeulement ſans crainte de nous méprendre, qu'vn ſi grand deſordre eut deux cauſes veritables: l'vne fut le peché des hommes, l'autre fut la juſtice de Dieu; & toutes deux nous apprirent qu'il n'y a point de bonheur ſi conſtant qui ne puiſſe eſtre troublé, ny de trône ſi bien étably qui ne puiſſe eſtre ébranlé.

Cette invincible Princeſſe dont la confiance en Dieu fait le caractere & la gloire, eut recours à luy, & ſçachant qu'il eſt le pere des pupilles, & le protecteur des veuves, elle le conjura par ces qualitez de l'aſſiſter dans vne cauſe ſi juſte. Sa priere ne fut point vaine, & le ciel, qu'elle avoit si fortement conjuré, luy inspira tant de courage, qu'on ne vit jamais rien de plus intrepide que cette Amazone genereuse. Ie ne diray point d'elle pourtant ce qu'vn Poëte a dit du plus grand Capitaine du monde, qu'elle merita que chacun la craignist, parce qu'elle ne craignoit personne :

———meruitque timeri
Nil metuens.

Mais je diray seulement que parce qu'elle craignoit Dieu, elle ne craignoit point les hommes, & que mettant sa confiance en luy, elle esperoit qu'il feroit des miracles pour elle : *In timore Domini fiducia fortitudinis, & filius ejus erit spes.* Proverb. cap. 14. En effet elle alla par tout le Royaume avec vne assurance merveilleu-

fe , & menant fon Pupille & nôtre
Roy à la teste de fes troupes, dont
on pouvoit dire qu'elle eftoit la
Mere , *Mater caftrorum* , elle luy
foûmit trois des plus grandes provinces de la France , la Norman-
die , la Bourgogne & la Guienne.
Tant de grands & heureux fuccés
ne laifferent pas d'eftre fuivis de
feditions & de revoltes: Mais tous
ces malheurs que je paffe fous filence, ne fervirent qu'à faire admi-
rer la conftance & la generofité de
la Regente. Car elle fe vainquit el-
le-mefme aprés avoir vaincu les
autres , elle triompha de la vengeance aprés avoir triomphé de la
perfidie & de l'infidelité , & elle
s'acquit plus de gloire en pardon-
nant à fes ennemis , qu'elle ne s'en
eftoit acquis en lés défaifant.

Les

Les ames lâches & vindicatives s'imaginent que la vengeance eſt genereuſe, & qu'il n'y a rien de plus glorieux que de noyer ſes injures dans le ſang de ſes ennemis. Mais la raiſon nous apprend que la vengeance eſt lâche, que le pardon eſt genereux, & qu'il n'y a rien de plus glorieux qu'vn Prince qui eſt impunément offenſé: *Magni animi eſt*, dit vn Philoſophe politique, *injurias in ſumma potentia pati, nec quidquam glorioſius eſt Principe impunè læſo.* C'eſt auſſi la ſeule victoire que les Capitaines & les Soldats ne peuvent partager avec noſtre grande Reine. C'eſt celle où elle s'eſt vaincuë elle-meſme. C'eſt celle où elle a offert à Dieu quelque choſe de plus terrible que la mort. C'eſt celle enfin

Lib. 1. de Clem. c. 20.

où elle a auſſi-bien merité l'admiration des Anges que celle des
hommes. Ce n'eſt pas, Messievrs,
qu'elle fuſt inſenſible ou impuiſ-
ſante. Ce n'eſt pas qu'elle ne con-
nuſt bien la grandeur & l'injuſtice
des outrages qu'on luy faiſoit :
Mais elle moderoit ces paſſions
violentes qui ont ſi ſouvent triomphé des Alexandres, elle calmoit
les juſtes reſſentimens de la colere
& de la vengeance ; & aſſiſtée de
la grace elle eſſayoit d'imiter celuy
qui eſt mort pour le ſalut de ſes
ennemis. Les occaſions & les
moyens de ſe vanger ne luy man-
quoient pas, & il ſe trouvoit des
hommes de cœur qui s'offroient à
la défaire de ceux qui l'avoient ſi
cruellement outragée. Mais elle
rejetta toutes ces offres avec vne

grandeur de courage qui témoi-
gnoit bien qu'elle eſtoit Reine, &
Reine veritablement Chreſtienne.

Entre mille exemples que je
pourrois en rapporter, je ne vous
en diray qu'vn ſeul qui vous fera
voir combien elle eſtoit maiſtreſſe
de ſes paſſions , & combien elle
eſtoit ſçavante dans l'oubly des injures , & dans le pardon des ennemis. Elle trouva auprés de ſon oratoire vn papier remply des médi-
ſances les plus noires que la ca-
lomnie peut forger contre l'innocence. Elle le leut ſans émotion, &
avec le meſme viſage qu'elle euſt
pû lire ſes loüanges. Elle en fit con-
fidence à vne grande Princeſſe
qui l'accompagnoit , & luy remit
ce billet entre les mains. Celle-cy
s'arreſta aux premieres injures, qui

luy femblerent fi horribles, qu'elle fupplia noftre genereufe Reine
de ne la pas obliger à paffer outre.
Mais forcée par fes commande-
mens elle acheva de le lire avec
toute l'indignation que meritoit le
monftre qui l'avoit écrit. Ce n'eft
pas tout, MESSIEVRS, voicy
à mon jugement, le dernier effort de la charité; & voicy jufques
où la moderation & la clemence
peuvent aller. Car aprés avoir tiré vn ferment de cette Princeffe
pour l'obliger au fecret, elle luy dit
qu'elle connoiffoit le caractere, &
par confequent l'auteur de cet in-
fame billet; mais qu'elle ne s'en
vengeroit jamais. En effet elle fit
apporter vne bougie, & à mefure
qu'elle brûloit ce papier criminel,
& qu'elle en faifoit vn facrifice à

Dieu, elle luy en offroit vn autre bien plus difficile, & luy immoloit les juftes reffentimens d'vn fi furieux outrage. Vous croyez, MESSIEVRS, qu'on ne pouvoit rien adjoûter à ce facrifice, & qu'il avoit toutes les circonftances qui le pouvoient rendre meritoire à celle qui l'offroit, & agreable à celuy qui le recevoit. Mais en voicy vne encore qui à mon avis n'eft pas moins confiderable que les autres. La Reine fortant de fon oratoire rencontra l'auteur malheureux de ce déteftable écrit, elle le vit fans émotion, elle écouta ce qu'il luy dit, avec bonté, & luy répondant avec douceur, elle mit la Princeffe qui la fuivoit dans le dernier étonnement.

N'eft-ce pas là, MESSIEVRS,

vne victoire plus difficile & plus
glorieuse que celles des Alexandres & des Cesars; & ne faut-il pas
advouër que si nous dreffions encore des autels à ceux qui ont domté les monftres, nous en dreffe-
rions à celle qui a domté la colere
& la vengeance, puis qu'elles font
bien plus difficiles à vaincre que
les lions & les tigres. Mais c'eftoit
Dieu qui vainquoit en elle ces paf-
fions si farouches, & ce fut luy-
mefme qui vainquit par elle les
deux plus grands Monarques du
monde, & les obligea de fe rac-
commoder par la paix, & de s'al-
lier par le mariage.

Co M M E la guerre eft la four-
ce de tous les maux, & l'averfion
de tous les peuples, la paix eft la

ſource de tous les biens , & le ſou-
hait de tous les hommes. Prou-
vons, MESSIEVRS, ces deux veritez , & donnons à tout le monde , ſi nous pouvons, de l'averſion
pour la guerre , & de l'inclination
pour la paix. La guerre n'eſt pas
ſeulement la fille du peché , mais
elle en eſt le ſupplice; Dés que
l'homme fut criminel, il vit la guerre dans ſa perſonne & dans ſon
eſtat; dans ſa perſonne, puis qu'il
eſt compoſé de deux parties qui
ne ſe peuvent ſouffrir, & qui ſe
font la guerre auſſi long-temps
qu'elles demeurent vnies enſemble: *Sic vindicatur in rebellem*, dit a-
vec tant d'eloquence S. Auguſtin,
*vt ſit ſibi bellum qui pacem noluit
habere cum Deo.* Il n'eſt pas plus
heureux dans ſon eſtat que dans

fa perſonne. Car toutes les ſaiſons y ſont déreglées , tous les elemens y ſont armez contre luy , & il n'y a point de creature qui ne luy faſ-ſe la guerre ; ſi bien que nous pou-vons dire avec Tertulien , que contre vn criminel de leze Maje-ſté divine toutes les creatures ſont des ſoldats, *contra reos læſæ Majeſta-tis omnis homo miles eſt.*

Mais outre ces deux combats auſquels il eſt condamné depuis ſon peché , il en recherche enco-re d'autres , & pour contenter ſon ambition déreglée , il declare la guerre à ſes voiſins, & faiſant en-trer ſes alliez dans ſes intereſts , il fait d'vne querelle particuliere v-ne querelle publique & generale. Mais que de maux enferme ce grand mal , MÉSSIEVRS, & que

de

de crimes entraiſne avec ſoy vn
monſtre qui ſemble n'eſtre compoſé que de vols, de tromperies
& de meurtres : *Præliorum propria
negotia*, dit Tertulien, *dolus, aſpe-
ritas & injuſtitia*. Elle n'excuſe pas
ſeulement les crimes, mais elle les
approuve hautement, & les louë
inſolemment : La fourberie eſt
condamnée de tout le monde ; elle eſt autoriſée par la guerre, &
l'vne de ſes plus communes maximes eſt celle-cy : *Dolus an virtus,
quis in hoſte requirat ?* Le larcin eſt
puny par toutes les loix ; il eſt permis dans la guerre ; & dés qu'elle
eſt declarée, elle commande aux
ſoldats de prendre le bien de leurs
ennemis. Le meurtre eſt en horreur à tout le monde, on le déte-
ſte comme l'ennemy du genre hu-

main ; il eſt en honneur dans la guerre, & l'on peut dire que c'eſt ſon exercice & ſon chef-d'œuvre : *Homicidium cùm admittunt ſinguli, crimen eſt; virtus vocatur, cùm publicè geritur :* & les batailles ne ſont fameuſes que par le nombre des meurtres qui s'y commettent ; ſi bien qu'il ne faut pas s'étonner ſi celle qui procure tant de maux, eſt l'averſion & la haine de tous les hommes. Chacun l'apprehende comme vn des plus redoutables fleaux de la Iuſtice divine, chacun fait des vœux pour l'éloigner de ſa maiſon ; & les victorieux qui la portent dans les terres de leurs voiſins, l'écartent autant qu'ils peuvent des leurs.

Comme noſtre Reine pacifique connoiſſoit bien tous ces mal-

heurs, elle avoit vne furieuse a-
version de la guerre, & elle cher-
choit tous les moyens d'étouffer
celle qui divisoit depuis tant d'années la France d'avec l'Espagne.
Elle sçavoit que comme il n'y a
que Dieu qui puisse bien vser du
peché, il n'y avoit que luy qui pûst
bien vser de la guerre ; & que les
Princes qui l'entreprennent, s'ils
ne sont excusez par la necessité
qui est la premiere des loix, ils sont
responsables de tous les crimes
qu'elle entraisne à sa suite. Elle sçavoit que les armes sont journalie-
res, que la fortune qui est vne in-
fidelle maistresse, abandonne ceux
qu'elle a favorisez ; ou pour parler
plus chrestiennement, que la Providence divine donne les victoires
à qui bon luy semble, & charge de

honte ceux qu'elle a couronnez de gloire. Elle n'ignoroit pas tous les crimes qui ſe commettent pendant les guerres les plus juſtes: *Bellum etiam juſtum deteſtandum;* que les ſoldats font le degaſt dans la campagne, qu'ils y ruinent les travaux du laboureur, qu'ils prennent les places d'aſſaut, qu'ils abbatent les maiſons, renverſent les temples, & profanent les autels; & qu'enfin ils oſtent la vie aux hommes, & raviſſent l'honneur aux femmes. Combien penſez-vous que ces deſordres ont fait de fois gemir noſtre grande Reine dans ſon oratoire? Combien penſez-vous qu'elle a répandu de torrens de larmes devant Dieu pour arreſter les fleuves de ſang que répandoient nos ſoldats dans les batailles ? Combien de fois croyez-vous qu'elle a conjuré le ciel d'adoucir le cœur de ces deux Monarques, dont l'vn estoit son fils, & l'autre son frere, qu'vn peu de gloire & d'interest entretenoit dans vne fâcheuse guerre ; l'vn voulant conserver ce qu'il avoit conquis, & l'autre voulant recouvrer ce qu'il avoit perdu :

Sicque arma fœlix teneat, infœlix paret.

Elle sçavoit que les ennemis de la Religion profitoient d'vne guerre qui affoiblissoit l'Eglise parce qu'elle la divisoit. Elle sçavoit enfin qu'elle faisoit des miserables aussibien dans la France que dans l'Espagne, puis que les Rois pour vaincre leurs ennemis sont obligez de surcharger leurs sujets.

Mais vous me demanderez peut-
eftre, MESSIEVRS, comment elle connoiffoit les miferables, veu
que la mifere n'entre jamais dans
le palais des Souverains. Elle la
connoiffoit parce qu'elle l'alloit
chercher dans les lieux où elle ha-
bite. Car cette pieufe Princeffe fe
déguifoit quelquefois, & fe mettant à la fuite d'vne Dame, elle
entroit dans les prifons, defcen-
doit dans les cachots, qui font le
fejour de la mifere, & brifoit les
chaifnes des miferables. Elle alloit
dans les hofpitaux, & non contente de vifiter les malades, elle les
fervoit, & employoit ces mains
dont vous fçaviez le prix, à pan-
fer leurs vlceres & leurs bleffures.
Voilà, MESSIEVRS, où cette
charitable Reine connoiffoit les

malheureux, voilà l'école où elle s'instruisoit à la misericorde, voilà les raisons qui luy donnoient de l'horreur pour la guerre, & de l'amour pour la paix, qu'elle sçavoit bien estre le souhait de tous les peuples, & le comble de tous les biens.

Comme il n'y a personne qui ne desire la felicité, il n'y a personne qui ne souhaite la paix; & quiconque interrogeroit toutes les differentes conditions des hommes, il ne recevroit d'eux qu'vne mesme réponse: *Pacem te poscimus omnes.* Les impies qui sont mal avec Dieu & avec eux-mesmes, desirent la paix, & lassez de cette funeste division qui fait leur supplice, demandent d'estre reconciliez avec ces deux grands ennemis.

Les ambitieux qui s'élevent si in-
justement au dessus de tous les autres, cherchent la paix dans leur
élevation, & s'imaginent qu'ils seront paisibles, quand ils n'auront
plus de superieurs ny d'égaux. Les
avares qui prennent à toutes
mains, cherchent la paix d'ans l'a-
bondance, & croyent que quand
ils possederont tout, ils seront
exemts de cette furieuse guerre
que leur fait l'apprehension de la
pauvreté. Mais ces illustres Conquerans qui semblent estre les ennemis de la paix, en font aussi les
amans; ils la recherchent dans les
combats, & ils ne desirent les victoires, que pour s'assujettir leurs
ennemis, & pour jouïr d'vne paix
aussi vtile que glorieuse. C'est enfin
le comble de tous les biens. Car

l'abondance

l'abondance, la joye & la justice rentrent dans les Estats avec la paix ; le laboureur qui ne craint plus le soldat, cultive la terre, & l'obligeant à payer ses travaux avec vsure, il fait renaistre l'abondance avec la paix dans la campagne : *Fiat pax in virtute tua, & abundantia in turribus tuis.* La joye est inseparable aussi de la paix, elle l'accompagne dans sa fuite & dans son retour, & luy tient vne si fidelle compagnie, que S. Paul ne souhaite jamais la paix aux fidelles dans ses Epistres, qu'il ne leur souhaite la joye, *gaudium & pax.* La justice & la pieté qui sont bannies des Royaumes pendant la guerre, y retournent avec la paix, & rendent aux loix divines & humaines leur premiere autorité

& leur ancienne vigueur.

Mais, MESSIEVRS, nos interests s'opposoient à de si justes desirs ; les regles de la politique vou-
loient que l'on portast nos conquestes dans le cœur des Pais-Bas. Le
Ministre qui avoit vne extreme
passion pour la grandeur de l'E-
stat, estoit persuadé que deux
campagnes nous rendoient mai-
stres de la Flandre ; les Generaux
de nos armées l'entretenoient dans
cette agreable esperance ; & nôtre jeune Monarque qui ne soûpi-
roit que pour la gloire, sembloit
perdre les occasions de l'acquerir
si l'on faisoit la paix avec l'Espagne. Comment se défendra nostre
pacifique Reine contre tant de
gens qui veulent la guerre? Que
répondra-t-elle à tant de raisons

qui n'estoient pas seulement spe-
cieuses, mais veritables ? La Flandre estoit divisée, la pluspart de
ses villes songeoient à capituler,
& les incommoditez de la guerre
qu'elles souffroient depuis vingt-
cinq ans, les forçoient à se rendre
au victorieux.

Dans ces oppositions nostre
constante Princesse eut recours à
la priere qui faisoit toute sa force;
elle implora le secours de ce Dieu
en qui elle mettoit toute sa confiance; elle se ressouvint des paroles de mon texte : *Spera in eo, &*
ipse faciet; elle s'adressa à ce Seigneur qui s'est fait appeller le Dieu
de la paix aussi-bien que des armées, *Deus pacis, & non dissen-*
sionis; elle interposa le credit de
nostre divin Mediateur, qui n'est

mort que ponr faire mourir la guerre avec luy, pour étouffer nos inimitiez en sa personne, & pour nous procurer la paix avec Dieu & les hommes : *Interficiens inimicitias in semet-ipso* : elle trouva l'accomplissement de ses desirs dans la priere, & son zele animé de la grace triompha des Politiques & des Generaux d'armées ; mais disons plus, triompha de Louïs & de Philippes, & leur fit tomber les armes des mains, & la colere du cœur. Ce fameux traité de paix qui envelopoit les interests de tous les Princes de l'Europe, & de qui sembloit dépendre la destinée de tous les peuples du monde, fut conclu à sa sollicitation, & sééllé enfin par vn mariage, qui donnant Therese pour

épouſe à noſtre Monarque , luy
donna peu de temps aprés vn
Daüphin pour ſon heritier. Que
de biens nous a procurez Anne
d'Auſtriche! Que de faveurs & de
graces elle nous a obtenuës du
ciel ! Que ſa confiance en Dieu a
calmé d'orages , ſurmonté de diffi-
cultez, & operé de miracles! Mais
achevons MESSIEVRS, ce diſ-
cours, & aprés tant de genereu-
ſes actions à qui nous devons nôtre ſalut & noſtre gloire, conſide-
rons ſes ſouffrances qui ont cou-
ronné ſa belle vie : Voyons avec
quelle fermeté de courage elle les
a endurées ; & avoüons qu'elle n'a
jamais eſté ſi glorieuſe dans le trône , que dans le lict , où il ſem-
bloit que les maux relevoient l'é-
clat de ſa Majeſté , *magna cum ma-*

jeſtate malorum ; & où elle a com-
batu ſi genereuſement avec la douleur & la mort.

LEs hommes qui aiment la guerre, s'imaginent qu'on ne peut donner de preuves de ſon courage que
dans les combats, & qu'à moins
que d'attaquer vn redoutable ennemy, ou de ſe défendre contre
luy, on ne peut pretendre à la qualité de courageux & de vaillant.
Mais c'eſt vne erreur Messievrs,
qu'vn Philoſophe profane a dé-
couverte & combatuë de ſon
temps. Vous pouvez, diſoit-il à ſes
diſciples, faire paroiſtre voſtre vertu dans vn lict où l'infirmité vous
détient: *Eſt, crede mihi, virtuti etiam*
locus in lectulo. Les armées ne vous
offrent pas ſeulement des occa-

fions pour exercer voftre courage,
les miferes de la vie vous en four-
niffent qui ne font ny moins difficiles, ny moins glorieufes; & vous
donnez auffi-bien des témoigna-
ges de voftre force quand vous
luitez avec la maladie & la douleur, que quand vous combatez
contre les hommes ou contre les
beftes farouches : *Habes quod agas,
bene luctare cum morbo.* Si la maladie
ne vous contraint point à rien dire ny à rien faire de lâche ; fi elle
ne vous jette point dans l'impatience ou dans le defefpoir, vous
avez fervy le public, & vous avez
donné vn grand exemple à tout le
monde : *Si nihil coëgerit, fi nihil ex-
oraverit, magnum prodis exemplum.*
Et concluant ce difcours il dit a-
vec vn peu de vanité Stoïque : O fi

l'on nous confideroit quand nous fommes aux prifes avec la fievre, où que nous combatons avec la goutte & la gravelle, que nous recevrions de loüanges, & que nous ferions naiftre d'admiration dans l'ame de nos fpectateurs. Mais fi perfonne ne nous regarde, regardons nous nous-mefmes, & fi perfonne ne nous loüe, faifons vn acte de juftice, loüons-nous nousmefmes, & ne nous refufons pas l'honneur que nous rendrions à noftre ennemy, s'il avoit fait vne action auffi genereufe que la nôtre: *O quàm magna erat gloriæ materia, fi fpectaremur ægri ; ipfe te fpecta, ipfe te lauda.*

Mais les Chreftiens peuvent dire plus modeftement, que quand ils fouffrent avec patience, qu'ils

expient

expient leurs pechez , qu'ils fatis-
font à la juftice divine , ils attirent
les regards de Dieu , qui ne voit
rien plus digne de fon attention ,
qu'vn homme qui animé de fa grace difpute avec la maladie & la
douleur. En effet, MESSIEVRS,
il ne confidere pas ce qui nous
charme, & ce qui nous éblouït icy
bas ; il regarde avec mépris l'or-
gueil de nos baftimens , & il n'en
fait non plus d'eftime que nous faifons des nids des oifeaux , ou des
tannieres des beftes farouches ; il
dédaigne nos vaiffeaux les dé-
poüilles des forefts , & il fçait bien
que le mefme vent qui les fait mar-
cher fur la mer , les peut faire é-
choüer contre vn écueil. Il fe mocd
que de nos armées , & les regardé
à peu prés comme nous regardons

H

vn essein d'abeilles ou vne troupe
de fourmis: *It nigrum campis agmen.*
Mais il regarde avec quelque sorte de complaisance vn miserable
qui se soûmet aux ordres de sa justice, & qui porte patiemment la
pauvreté, & le mépris qui en est
inseparable. Il regarde avec joye
vn malade qui sçachant que sa maladie est le chastiment de son peché & l'exercice de sa vertu, la
souffre avec humilité, & benit la
main qui le condamne à ce supplice.

Si jamais vn Chrestien a enduré
d'extrêmes douleurs, & les a endurées avec patience, il faut a-
voüer que ç'a esté nostre admira-
ble Princesse. Car le Cancer dont
Dieu la voulut éprouver, avoit
tout ce qui peut rendre vn mal in-

supportable ; il estoit violent , &
l'attaquoit aux parties les plus sen-
sibles & les plus délicates du corps.
Sa violence n'empeschoit point sa
longueur ; car il a duré prés d'vne
année , & pouvoit lasser la patience des plus courageux. Il estoit
horrible , & du nombre de ces
maux qui ne donnent pas seulement de la pitié, mais de l'horreur.
Cette pieuse Princesse l'avoit toûjours apprehendé ; & comme si elle eust voulu se familiariser avec
luy , elle voyoit toutes les person-
nes qui en estoient attaquées, elle
les consideroit avec attention, elle les regardoit avec pitié, & vous
eussiez dit que la Providence divine la preparoit à le souffrir quelque jour. Enfin ce mal est infect ;
& comme il naist de pourriture,

il eſt toûjours accompagné d'vne
odeur inſupportable. Iugez donc
par toutes ces qualitez combien il
éprouva rudement la patience de
noſtre illuſtre malade. Mais ajoû-
tez que les remedes eſtoient de ſe-
conds maux auſſi violens que celuy dont on la vouloit guerir. Car
les Medecins & les Chirurgiens
n'employoient que des poudres ou
des huiles plus ardentes que le feu,
& plus perçantes que le fer. Ces
remedes luy oſtoient le repos la
nuit & le jour, & elle ſe voyoit
inceſſamment abandonnée à la
douleur.

Permettez, MESSIEVRS, que
je compare la patience de noſtre
Reine avec celle du plus affligé
de tous les hommes, puis qu'elle
tâchoit de l'imiter, & qu'elle s'en

faiſoit lire l'hiſtoire dans la para-
phraſe que j'en ay donnée au public. Elle avoüoit de bonne foy
que les maux de ce grand homme
ſurpaſſoient les ſiens; & elle me diſoit avec beaucoup d'eloquence &
de verité: Sa miſere eſt bien plus
grande que la mienne; je n'ay qu'-
vn vlcere, & il en eſtoit tout cou-
vert depuis les pieds juſqu'à la te-
ſte; je ſuis dans vn lict, il eſtoit ſur
vn fumier; je ſuis environnée de
mes domeſtiques, qui me ſervent
avec autant de ſoin que d'affection, & il eſtoit abandonné de
tous les ſiens : Puis élevant ſa voix
elle diſoit ces paroles capables d'a-
mollir vn cœur de bronze: La Iuſtice divine luy avoit enlevé tous
ſes enfans, & la Miſericorde divine m'a laiſſé les miens, qui me don-

nent mille preuves de leur tendreſſe & de leur amour, qui me
fermeront les yeux , & qui me
rendront les derniers devoirs.

Mais ſi les maux de cet illuſtre
affligé ont eſté plus grands que
ceux de noſtre auguſte Princeſſe;
je puis dire que ſes diſpoſitions
n'ont pas eſté plus ſaintes ny plus
deſintereſſées. Ce prodige de patience aprés avoir tout perdu diſoit à Dieu : Si les biens m'ont eſté
agreables, parce qu'ils venoient de
voſtre part , pourquoy me plain-
drois-je des maux, puis que c'eſt
vous qui me les avez envoyez? *Si*
bona ſuſcepimus de manu Dei , mala
quare non ſuſcipiamus ? Cette Princeſſe diſoit à Dieu avec autant de
ſoûmiſſion : Si j'ay receu la ſanté
de voſtre main, pourquoy n'en re-

cevrois - je pas la maladie? C'eſt vous qui avez ordonné de mon ſort, je m'y ſoûmets ; c'eſt vous qui l'avez voulu , je le veux , & je le veux de tout mon cœur. Ce miracle de ſouffrance & de courage ſe familiariſoit avec la pourriture, il faiſoit alliance avec elle , & l'appelloit ſon pere & ſa mere; il s'apprivoiſoit avec les vers qui le rongeoient tout vivant , & les appelloit ſes freres & ſes ſœurs: *Putredini dixi : Pater meus es ; mater mea & ſoror mea , vermibus.* Noſtre genenereuſe Reine l'imitoit , elle regardoit ſa playe , ſinon avec plaiſir , au moins avec conſtance ; elle la monſtroit à tous ſes domeſtiques qui l'approchoient , & diſoit ces paroles qui doivent ſervir d'inſtruction à tous les Princes : Ie ſçavois

bien que je devois pourrir aprés
ma mort; mais je ne sçavois pas,
Seigneur, si vous ne me l'eussiez
appris, que je deusse pourrir pendant ma vie. Cet homme innocent & malheureux se plaignoit a-
vec quelque sorte d'émotion qu'il
souffroit des peines qui n'estoient
deuës qu'aux pecheurs; & défen-
dant son innocence avec vn peu
de chaleur, parce qu'elle estoit la
figure de celle de Iesvs-Christ,
il disoit à Dieu: *Noli me condemna-*
re. Indica mihi cur me ita judices.
Mais cette humble & pieuse Reine
ayant appris que sainte Aldegonde
Comtesse de Hainaut & fille de
France avoit esté frapée d'vn cancer pareil au sien, elle disoit avec
vne profonde humilité: Ha ! mon
Dieu, puis que les Saintes ont
souffert

souffert ce mal, il est bien juste
que les pecheresses le souffrent, &
qu'elles en fassent vn bon vsage
pour l'expiation de leurs pechez.
Enfin cet homme de douleurs disoit à Dieu: Encore que vous me
donniez le coup de la mort, vous
ne me ferez point perdre la confiance que j'ay en vous; j'atten-
dray mon secours de la main qui
m'a blessé: *Etiam si occiderit me, in
ipso sperabo.* Cette patiente Princesse tenoit le mesme langage, &
disoit à son Dieu: Quoy que vous
me frapiez avec vn peu de rigueur,
j'espereray toûjours en vostre bonté, & la mort me sera douce, quand
elle me viendra de cette main
que j'adore. Que vous en semble,
MESSIEVRS? Que dites-vous de
ces saintes dispositions? N'est-ce

pas pleinement satisfaire à la Iusti-
ce divine ? N'est-ce pas la desar-
mer de ses foudres, & l'obliger à
changer ses supplices en faveurs,
puis que cette Princesse les recevoit avec tant de respect & d'humilité? Il est bien facile de se soû-
mettre à Dieu quand il nous
est favorable, & il ne faut qu'vn
peu de complaisance pour l'aimer
quand il nous comble de ses graces. Mais il faut estre solidement
vertueux quand nous le benissons
au milieu de nos douleurs, que
nous l'adorons dans sa colere, &
que nous témoignons par nostre
conduite que nostre amour est ye-
ritablement desinteressé : *Iustus est*
adorator, qui dum affligitur, etiam
adorat. Mais de quels termes me servi-

ray-je pour vous exprimer les saintes dispositions avec lesquelles elle
receut le saint Viatique & l'Extre-
me-Onction? Le Fils de Dieu dans
le saint Sacrement de l'autel est
bien plus à nous que dans ses autres mysteres: Nous ne le voyons
dans la creche & sur la croix que
par la pensée & par le souvenir;
Mais nous le possedons pleinemét
dans l'Eucharistie. Il est là pour
nous, & non pas pour les bienheu-
reux; il s'y accommode à nostre
foiblesse, il cache sa Majesté sous
les especes du pain, & ce divin
soleil pour ne pas éblouïr nos yeux,
s'y couvre d'vn épais & sombre
nuage; il s'y incarne pour nostre
consolation, & il s'y immole pour
nostre salut. Nous sommes les spe-
ctateurs de ce mystere; nous en

fommes les témoins ; difons da-
vantage, nous en fommes la cau-
fe & la fin ; puis que nous le pro-
duifons par noftre bouche, & que
nous le recevons dans nôtre cœur.

Mais ce qui eft commun à tous
les fidelles eftoit particulier à Anne d'Auftriche ; elle avoit fucé
cette devotion avec le laict, & l'a-
voit tirée de fes illuftres Ayeux,
les faints Louïs & les Rodolphes.
Elle en avoit fait fes innocentes
délices pendant fa vie ; elle cher-
choit IESVS-CHRIST dans tous les
temples, & l'adoroit fur tous les
autels. Il fembloit qu'elle voulût
multiplier fa prefence pour ado-
rer cette divine multiplication qu'
il fait de la fienne dans l'Euchari-
ftie. Enfin elle en fit fa confolation
dans fa maladie, & elle en fit fa for-

ce & sa sanctification à sa mort.
Car elle ne receut jamais le Fils
de Dieu avec plus de foy & plus
d'amour qu'en sa derniere com-
munion. Il estoit facile à ju-
ger qu'elle alloit bien-tost s'vnir à
luy pour n'en estre jamais sepa-
rée, & que son ame quittant son
corps alloit voir face à face ce
Seigneur que nous ne voyons icy
que par les yeux de la foy. Mais a-
vec quelles marques de pieté re-
ceut-elle l'Extrême-Onction qui
est le Sacrement institué par Iesvs-Christ pour inspirer de la
force aux mourans contre les dernieres tentations du malin esprit?
Avec quelle sainte impatience la
demanda-t-elle, afin qu'elle mou-
rût avec toutes les marques d'vne
Princesse Chrestienne, & que l'on

sçeût qu'elle estoit fille de l'Eglise
à sa mort, comme elle l'avoit esté
dans tout le cours de sa vie? Avec
quelle presence d'esprit répondit-
elle à toutes les prieres des Pre-
stres, & combien donna-t-elle de
preuves de la confiance qu'elle a-
voit en la vertu de nos Sacremens?

Quand elle eut satisfait à Dieu,
elle voulut satisfaire à la pieté ma-
ternelle, embrasser le Roy & Monsieur, leur declarer ses intentions,
& leur inspirer des sentimens dignes de leur naissance & de leur
vertu. L'on sçait bien, Messievrs,
que les dernieres paroles des mourans sont toûjours les plus remar-
quables; l'ame fait vn effort pour
s'expliquer en ces momens, & se
détachant du corps qui est sa pri-
son, elle a plus de lumiere & plus

de liberté. Celle de la Reine eut
cet avantage tout entier, elle agit
plus fortement, elle parla plus li-
brement, & vous euſſiez dit qu'e-
ſtant devenuë vn pur eſprit elle a-
voit la force & la lumiere des Anges. Mais le malheur a voulu que
nous n'ayons pû penetrer dans
ces myſteres, & nous ne ſçau-
rions rien de tout ce qu'elle dit au
Roy, & à Monſieur, ſi des Princes ne nous avoient revelé quel-
ques-vns de ces oracles. Elle les
conjura de s'aimer eternellement,
& elle n'eut pas grande peine à des
y porter, parce qu'elle les avoit
toûjours entretenus dans vne par-
faite vnion, & qu'elle avoit eſté
le nœud ſacré de leur amitié mu-
tuelle. Le Roy luy promit d'avoir
toûjours de l'amour pour Mon-

sieur son frere ; & Monsieur luy promit d'avoir toûjours du respect & de l'obeïssance pour le Roy.

Aprés qu'elle se fut acquittée des devoirs de Mere, elle voulut s'acquitter des devoirs de Souveraine ; & comme elle n'ignoroit pas que la justice est la vertu particuliere des Princes, elle la leur recommanda de sa voix mourante, elle les pria d'avoir vne sainte veneration pour elle, & de concevoir tant d'horreur pour son ennemie, qu'ils fussent en disposition de plûtost mourir que de commettre vne injustice. Voilà, Messievrs, parler & mourir en Reine ; mais voilà parler & mourir en Reine Chrestienne ; voilà des sentimens & des paroles dignes d'Anne d'Austriche, dignes

de

de la plus grande & de la plus ver-
tueuse Princesse du monde ; voilà rendre l'ame comme les Saints
ont accoustumé de la rendre ; &
voilà vne mort qui répond à la sain-
teté de sa vie.

Mais que vous diray-je de vô-
tre perte & de la nostre ? Que vous
diray-je pour vostre consolation
dans vn si juste sujet de vous affli-
ger ? La voix me manque en cette funeste occasion, & la douleur
qui est eloquente dans les communes afflictions, est muette en celle-
-cy, & m'interdit l'vsage de la pa-
role. La necessité qui est la mere
des invétions, me conseille de faire
monter cette auguste Reine dans
cette chaire, de la substituer en
ma place, & de la faire parler pour
vostre instruction & pour vô-

tre confolation. Le grand Apôtre
faint Paul fe fervit de cet artifice
en vne femblable rencontre, &
ayant reffufcité vn homme qui
mourut pendant fa predication, il
le mit en fa place, & le fit parler à
fes auditeurs: *Pro concionatore fub-
ftituit mortuum*, dit eloquemment
S. Iean Chryfoftome. Que n'ay-
je, Messievrs, le merite & le
pouvoir de cet Apoftre! Que ne
puis-je reffufciter cette augufte
Reine dont vous regrettez la perte! Mais puis que je ne fçaurois
pas luy rendre la vie, permettez-
moy de luy prefter des paroles.
Repref entez-vous donc voftre
Maiftreffe avec cette majefté qui
l'accompagnoit en toutes fes a-
ctions: Repref entez-vous cette augufte Reine avec toutes les mar-

ques de grandeur qu'elle tiroit de
fa naiffance, de fon mariage, de
fes enfans, & de fes vertus : Ima-
ginez-vous qu'elle vous parle, non
plus de fon trône, mais de fon cer-
cueil, & que levant fa tefte elle
vous dit ces paroles dans l'ardeur
de fon zele, & dans la tendreffe de
fon affection :

Fidelles Domeftiques, qui ayez
efté les témoins oculaires de toutes mes actions, confiderez l'in-
conftance & la vanité des chofes
humaines. I'eftois née la plus grande Princeffe du monde ; les fce-
ptres & les couronnes s'eftoient en
foule prefentez à moy dés les premiers momens de ma naiffance ;
j'avois efté le defir de l'Efpagne, &
j'en fus le bonheur quand je na-
quis ; l'on me deftina pour eftre l'é-

pouſe de Louïs le Iuſte, & la France eut autant de joye en me rece-
vant, que l'Eſpagne avoit de tri-
ſteſſe en me perdant. Ie fus mere de Louïs & de Philippes, & ces
deux Princes me couſterent vingt
ans de prieres & de ſoûpirs; Le
ciel donna le premier à mes vœux,
& le rendit deux fois à mes larmes;
& je le demanday moins à Dieu
pour ma conſolation, que pour le
bien de la France. Quand je per-
dis mon cher Epoux, & que ſa
mort me fit veuve & Regente tout
enſemble, Dieu m'eſt témoin que
dans cette charge qui ſurpaſſe les
forces d'vne femme, je ne conſi-
deray que le bonheur du Royaume, le repos des Peuples, & l'autorité du Roy. I'eſſayay d'appai-
ſer l'orage quand il vint troubler le

calme de la France. Au milieu des guerres civiles je ne respiray que la douceur ; & dés lors que les rebelles se soûmirent, je noyay tous leurs crimes dans vn oubly eternel.

Quand le Roy fut Majeur , & que je l'eus fait reconnoistre à ses sujets , je donnay toutes mes pensées à la paix vniverselle, je travaillay à reconcilier les deux plus grands Rois du monde, je surmontay tous les obstacles qui s'opposoient à ce dessein, & je ménageay si bien les interests de ces deux Princes, que si la paix fut glorieuse à la France, elle ne fut pas honteuse à l'Espagne. Ie seellay cette paix par vn mariage ; je donnay Therese à Louïs pour son Epouse , & Therese luy donna vn an aprés vn Dauphin pour son he-

ritier. Aprés tous ces grands travaux, je ne voulois plus penſer
qu'à mon ſalut, & le ciel qui s'en
eſtoit reſervé les moyens, me fra-
pa d'vn mal horrible, qui aprés a-
voir long-temps exercé ma patience par de cruelles douleurs, a finy
ma vie & mon exil pour m'ouvrir
la porte du ciel.

Apprenez à mes dépens que les
couronnes ne garantiſſent point
les Reines de la maladie ; qu'eſtant
filles d'Adam comme les autres,
elles ſont heritieres de ſon peché
& de ſes miſeres. Toutes les ten-
dreſſes d'vn grand Roy & d'vn
bon fils n'ont pû me défendre de
ce mal épouvantable; toute l'indu-
ſtrie des Medecins n'a pû m'en
guerir, & il a falu que pour donner vn grand exemple à toute la

terre, je me fois veuë dévorer toute vivante par vn cancer. La pourriture a prevenu mon tombeau, & dans le lict & dans le Louvre, au milieu de tant de Gardes j'ay esté contrainte d'implorer le fecours de la mort, pour me délivrer d'vn mal auffi douloureux qu'effroyable. Apprenez de la bouche d'vne Reine morte, qu'il n'y a point de grandeur dans le monde, qui ne foit fujette à la maladie & à la douleur. Mais apprenez auffi que dans l'eftat de Iesvs-Christ ces maux font des graces, & ces épreuves font des faveurs, puis qu'aprés nous avoir exercées fur la terre, elles nous conduifent dans le ciel, & qu'aprés nous avoir fait fouffrir avec Iesvs-Christ crucifié, elles

nous font regner avec IESVS-
CHRIST glorieux. Ainſi ſoit-il.

FIN.

Extrait du Privilege du Roy.

PAR Lettres patentes du Roy, ſignées CON-
RART, & ſeellées du grand ſeau de cire jau-
ne ſur ſimple queuë, il eſt permis au R. P. IEAN
FRANÇOIS SENAVLT, Preſtre de l'Oratoire de
IESVS, de faire imprimer par tel Imprimeur qu'il
voudra, tous ſes Sermons & Panegyriques; & ce
durant l'eſpace de vingt ans entiers, avec inhibi-
tions & défenſes à toutes perſonnes de quelque
qualité & condition qu'elles ſoient, de les imprimer
ou faire imprimer, ny meſme d'en vendre de con-
trefaits, à peine de trois mille livres d'amende, & de
tous dépens, dommages & intereſts, comme il eſt
plus au long porté par leſdites Lettres.